Conforme à la loi n° 49956 du 16 juillet 1949 sur les publications destinées à la jeunesse
ISBN 2 09 250509 - 2
N° d'éditeur : 10118091 - Dépôt légal : octobre 2005
Imprimé en Italie

Arthur et le miroir magique

Gudule - Claude K. Dubois

Nathan

– Je t'ai acheté un cadeau !
annonce papa à Arthur.
Il lui tend un paquet
enveloppé
dans du papier à fleurs.

– Attention, c'est fragile !

Arthur s'empresse de déchirer le papier.
– Qu'est-ce que c'est ? demande-t-il.
– Un miroir, dit papa. Je vais le mettre à ta hauteur, comme ça, tu pourras te regarder quand tu voudras.
– Ce sera pratique pour te coiffer et t'habiller, précise maman.

Comme c'est rigolo d'avoir un miroir à soi tout seul ! Parce que dans ce miroir, il y a... un autre Arthur !

Un Arthur INVERSÉ.

Quand Arthur a une basket rouge
au pied droit et une verte au pied gauche,
celui du miroir a une basket rouge
au pied gauche et une verte au pied droit.

Quand Arthur lève le bras droit,
celui du miroir lève le bras gauche.

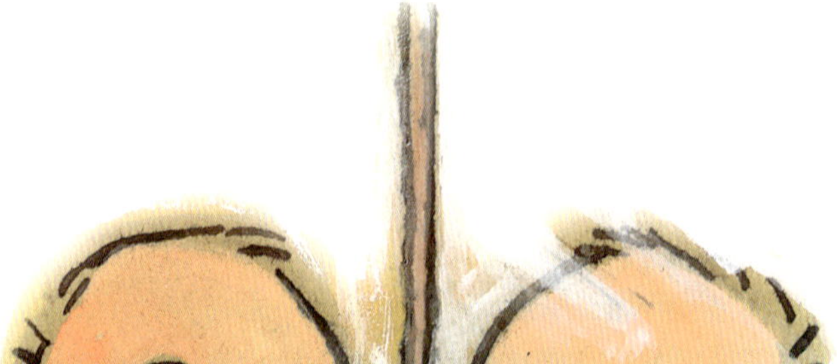

Et quand Arthur cligne de l'œil gauche,
celui du miroir cligne de l'œil droit.

Mais tous deux tirent la langue
de la même façon.

Et ils font de très chouettes concours
de grimaces !

– Tu t'appelleras Arthur 2, décide Arthur.

Chaque fois qu'Arthur a envie de jouer,
il lui suffit de s'approcher du miroir.
Arthur 2 est toujours là, qui l'attend !

Arthur 2 est vraiment un copain formidable. Arthur ne se lasse pas de jouer avec lui !

Pourtant, ce matin, Arthur 2 est bizarre.
Il regarde Arthur de travers.

– Laisse-moi tranquille ! dit Arthur
en tirant la langue.

– Arrête, tu m'énerves ! répond Arthur 2.
Tu arrêtes, ou sinon...

Blang !

Le miroir dégringole

et se casse en mille morceaux.

Maman accourt, fâchée :
– Qu'as-tu fait, petit maladroit !
– J'ai perdu mon copain, répond Arthur, en fouillant parmi les débris.

– Attention, tu vas te couper !
s’écrie maman. Va jouer plus loin
pendant que je répare les dégâts.
Arthur se sent très seul,
sans Arthur 2.
Comme c’est triste,
ce mur blanc, tout vide !

Quelques jours plus tard, papa achète un nouveau miroir et l'accroche à la même place que l'autre.

Arthur est très content de retrouver son copain.

– Plus de bêtises, cette fois ! lui recommande papa.

– Promis ! répond Arthur.

Arthur embrasse le miroir.

– Tu m'as manqué ! dit-il à Arthur 2.

On ne se battra plus jamais, n'est-ce pas ?

Et à nous deux…

... ON SERA LES ROIS DU MONDE !

Tu as aimé cette histoire, découvre

★Série *Arthur*

des histoires de Gudule,
illustrées par Claude K. Dubois

Arthur et la nouille vivante

Arthur n'en revient pas : une nouille vient de lui faire signe au fond de son assiette de pâtes. Elle a bougé, il en est sûr !

J'en ai marre des fées

À l'école, Clémentine dit qu'Arthur a jeté sa tartine dans le pipi ! Mais ce n'est pas lui, ce sont les fées qui l'embêtent tout le temps !

Et d'autres titres disponibles dans la collection **Étoile filante** :

Arthur et le chien anglais
La petite souris distraite

Content, pas content !

une histoire de Nadine Brun-Cosme,
illustrée par Clémentine Collinet

À l'école, quand Alexis est content,
moi je ne suis pas content.
Comment jouer avec son meilleur copain
quand on n'est pas contents ensemble.

vite dans la même collection :

Bonne nuit, les moutons !

une histoire de Hubert Ben Kemoun,
illustrée par Dorothée de Monfreid

Pour s'endormir, compter les moutons c'est magique, a dit sa maman à Léo. Vraiment magique ?

Dégoûtant comme un éléphant

une histoire de Anne Ferrier,
illustrée par Virginie Guérin

Tom ne veut pas se laver. Il préfère rester dégoûtant comme un éléphant. Mais après tout, les éléphants se lavent bien les oreilles ! Il l'a vu au zoo la semaine dernière...

Coline et le loup sous le lit

une histoire de Françoise Bobe,
illustrée par Charlotte Roederer

Coline ne peut pas s'endormir. Elle est sûre qu'il y a un loup sous son lit : elle l'entend respirer... Et si c'était un loup gentil ?